Food Truck Business Guide Buch für Einsteiger
Start, Finanzierung, Planung und Beschaffung von Großhandelsausrüstung und -zubehör

von Brian Mahoney

Inhaltsübersicht

Einführung

Teil 1 Food Truck Business Überblick

Teil 2 Gute Gründe, ein Foodtruck-Geschäft zu eröffnen

Teil 3 Wie Sie Ihren Food Truck-Zielmarkt identifizieren

Teil 4 Wie Sie Ihr Foodtruck-Menü erstellen

Teil 5 Food Truck Business Preisstrategie

Teil 6 Standortwahl für Ihr Food Truck Geschäft

Teil 7 Genehmigungen und Lizenzen für Food Trucks

Teil 8 Gesundheits- und Sicherheitsvorschriften für Food Trucks

Teil 9 Auswahl des Food Trucks oder Anhängers

Inhaltsübersicht

Teil 10 Ausrüstung und Zubehör für Ihr Food Truck Geschäft

Teil 11 Food Truck Websites für Ausrüstung und Zubehör

Teil 12 Food Truck Business Marketing Plan

Teil 13 Finanzierung und Finanzierung für Ihr Food Truck Geschäft

Teil 14 Food Truck Business Kredit

Teil 15 Der Umgang mit der Konkurrenz und andere Herausforderungen für Ihr Food Truck Business

Teil 16 Food Truck Business Ressourcen

Glossar der Begriffe

Schlussfolgerung

Haftungsausschluss

Die Informationen, die in Food Truck Business Guide Book for Beginners: Start, Finanzierung, Planung und Großhandel mit Ausrüstung und Zubehör dienen nur zu Informations- und Bildungszwecken. Obwohl alle Anstrengungen unternommen wurden, um die Genauigkeit und Zuverlässigkeit des Inhalts zu gewährleisten, ist dieses Buch kein Ersatz für professionelle Beratung. Den Lesern wird empfohlen, sich von Rechts-, Finanz- und Geschäftsexperten beraten zu lassen, bevor sie Entscheidungen im Zusammenhang mit der Gründung oder dem Betrieb eines Food Trucks treffen.

Der Autor und der Herausgeber geben keine Garantien oder Zusicherungen hinsichtlich der Ergebnisse oder des Erfolgs der Anwendung der bereitgestellten Informationen. Die Gründung eines Unternehmens ist mit Risiken verbunden, und die individuellen Ergebnisse hängen von Faktoren wie dem Standort, den Marktbedingungen und dem persönlichen Einsatz ab. Der Autor und der Herausgeber lehnen jegliche Haftung für Verluste, Schäden oder Verletzungen ab, die sich aus der Verwendung der Informationen in diesem Buch ergeben.

Mit der Lektüre dieses Buches erklären Sie sich bereit, die volle Verantwortung für Ihre Entscheidungen und Handlungen zu übernehmen. Bitte stellen Sie sicher, dass Sie alle lokalen, staatlichen und bundesstaatlichen Vorschriften einhalten, die für Ihr Unternehmen gelten.

Lassen Sie sich von diesem Leitfaden inspirieren und informieren, aber denken Sie daran: Ihr Erfolg hängt von Ihrer Entschlossenheit, Vorbereitung und Anpassungsfähigkeit ab.

Einführung

Es ist an der Zeit, GELD-Ängste zu beenden!

Willkommen bei...

Food Truck Business Guide Buch für Einsteiger
Start, Finanzierung, Planung und Beschaffung von Großhandelsausrüstung und -zubehör

von Brian Mahoney

Stellen Sie sich vor, Sie könnten über das Wissen verfügen, das Sie sich wünschen, um Ihr Unternehmen zu gründen und den mühelosen allamerikanischen Lebensstil der Unabhängigkeit, des Wohlstands und des Seelenfriedens zu leben.

Seien Sie gespannt, denn heute werden Sie entdecken...

Warum jetzt ein guter Zeitpunkt ist, um ein Foodtruck-Geschäft zu eröffnen

Wie Sie Ihren Zielmarkt finden

So erstellen Sie Ihr Foodtruck-Menü

Was ist die beste Preisstrategie für Ihr Unternehmen?

Wie Sie Ihren Standort oder Ihre Standorte auswählen

Wie man Großhandelspreise für Ausrüstung und Zubehör findet

Wie Sie den besten Food Truck für Ihr Unternehmen auswählen und zu Großhandelspreisen bekommen

Wie man mit dem Wettbewerb umgeht

Wie Sie die Bürokratie umgehen und Ihre Genehmigungen und Lizenzen erhalten

Wie Sie eine LLC gründen und Ihr Unternehmen schützen

Wie man staatliche Zuschüsse erhält und bis zu 5 Millionen Dollar von der SBA bekommt

Wie Sie Ihre Kreditwürdigkeit reparieren, Ihre Kreditwürdigkeit erhöhen und viel Geld für einen Geschäftskredit erhalten!

Wie Sie kostenlos eine Milliarde Kunden erreichen!

Sie haben das Recht, in Ihrem Leben wieder eine Kultur des Machergeistes zu schaffen. Es ist an der Zeit, die finanzielle Sicherheit zu genießen, die Sie und Ihre Familie verdienen... Menschen werden aus Mangel an Wissen zerstört... Nutzen Sie also dieses Wissen und lassen Sie uns noch heute damit beginnen, den Rest Ihres Lebens zum Besten Ihres Lebens zu machen!

TEIL 1
Food Truck Business Übersicht

Die Foodtruck-Branche ist ein dynamischer und schnell wachsender Sektor innerhalb der Lebensmittel- und Getränkeindustrie. Hier finden Sie einen Überblick über dieses Geschäft:

Marktwachstum: Die Food-Truck-Branche hat in den letzten Jahren ein beträchtliches Wachstum erfahren, das durch Faktoren wie die sich ändernden Vorlieben der Verbraucher für bequeme und einzigartige Essenserlebnisse sowie durch die im Vergleich zu traditionellen Restaurants niedrigeren Gemeinkosten bedingt ist.

Vielfältige Küche: Food Trucks bieten eine breite Palette von Gerichten an, von Gourmet-Burgern und Tacos bis hin zu ethnischen Gerichten wie thailändische, mexikanische und mediterrane Küche. Diese Vielfalt spricht ein breites Publikum an und ermöglicht es, mit verschiedenen Geschmacksrichtungen und Konzepten zu experimentieren.

Mobilität und Flexibilität: Einer der wichtigsten Vorteile von Food Trucks ist ihre Mobilität. Sie können je nach Bedarf an verschiedene Standorte fahren und Veranstaltungen, Festivals, Büroparks und Stadtviertel beliefern. Dank dieser Flexibilität können Foodtruck-Besitzer einen größeren Kundenstamm erreichen.

Geringere Anlaufkosten: Verglichen mit der Eröffnung eines traditionellen Restaurants erfordert die Gründung eines Foodtruck-Geschäfts in der Regel geringere Anfangsinvestitionen und Betriebskosten. Dies macht es zu einer attraktiven Option für aufstrebende Unternehmer, die mit begrenzten Mitteln in die Lebensmittelbranche einsteigen wollen.

Innovation und Kreativität: Food Trucks sind oft innovativ, was ihr Menüangebot angeht, und greifen Trends wie pflanzliche Optionen, Fusionsküche und einzigartige Geschmackskombinationen auf. Diese Kreativität hilft ihnen, sich auf dem umkämpften Markt abzuheben und treue Kunden zu gewinnen.

Herausforderungen: Trotz ihrer Beliebtheit sieht sich die Foodtruck-Branche auch mit Herausforderungen konfrontiert, wie z. B. gesetzliche Hürden, Wettbewerb um erstklassige Standorte, wechselnde Jahreszeiten und die Notwendigkeit einer effizienten Logistik und Betriebsführung.

Insgesamt bietet die Foodtruck-Branche Unternehmern eine aufregende Möglichkeit, ihre kulinarischen Fähigkeiten zu präsentieren, mit Kunden in einem zwangloseren Rahmen in Kontakt zu treten und zur lebendigen Esskultur in den Gemeinden beizutragen.

TEIL 2
Gute Gründe, ein Foodtruck-Geschäft zu eröffnen

Geringe Anfangsinvestition: Verglichen mit der Eröffnung eines traditionellen Restaurants erfordert die Gründung eines Foodtruck-Geschäfts in der Regel ein geringeres Anfangskapital. Dies kann es für Unternehmer mit begrenzten Mitteln leichter machen.

Flexibilität und Mobilität: Food Trucks bieten die Flexibilität, den Standort je nach Nachfrage zu wechseln. Sie können verschiedene Stadtteile und Veranstaltungen erkunden oder sogar saisonalen Trends folgen, um Ihre Geschäftsmöglichkeiten zu maximieren.

Gezieltes Publikum: Mit Foodtrucks können Sie gezielt bestimmte Bevölkerungsgruppen oder Veranstaltungen ansprechen, bei denen eine große Nachfrage nach Ihrer Art von Speisen besteht. So können Sie beispielsweise Büroangestellte in der Mittagspause, Festivalbesucher oder Menschen am späten Abend ansprechen.

Kreative Freiheit: Als Foodtruck-Besitzer haben Sie die kreative Freiheit, mit verschiedenen Menüs, Fusionen und einzigartigen Rezepten zu experimentieren. Das kann Ihnen helfen, sich von der Konkurrenz abzuheben und Essensliebhaber anzuziehen, die nach neuen Essenserlebnissen suchen.

Geringere Gemeinkosten: Der Betrieb eines Imbisswagens ist in der Regel mit geringeren Gemeinkosten verbunden als der eines herkömmlichen Restaurants. Sie können Ausgaben wie Miete und Personal einsparen, was zu höheren Gewinnspannen beitragen kann.

Engagement für die Gemeinschaft: Food Trucks fördern oft ein Gemeinschaftsgefühl, indem sie direkt mit den Kunden im Freien interagieren. Diese persönliche Note kann die Kundentreue stärken und positive Mund-zu-Mund-Propaganda auslösen.

Anpassungsfähigkeit: Food Trucks können sich schneller als traditionelle Restaurants an wechselnde Trends und Kundenwünsche anpassen. Diese Flexibilität ermöglicht es Ihnen, relevant zu bleiben und von neuen Food-Trends oder saisonalen Zutaten zu profitieren.

Testgelände für Ideen: Ein Foodtruck kann als Testgelände für neue Speisekarten, Marketingstrategien und Geschäftskonzepte dienen, bevor ein größerer Betrieb aufgebaut wird. Er liefert wertvolle Erkenntnisse darüber, was bei Ihrer Zielgruppe am besten ankommt.

Potenzial für Expansion: Erfolgreiche Foodtruck-Unternehmen können auf mehrere Trucks, Cateringservices oder sogar auf Wunsch auf ein festes Restaurant umsteigen. Diese Skalierbarkeit bietet langfristige Wachstumschancen.

Leidenschaft und Kreativität: Für viele Unternehmer ist der Betrieb eines Food Trucks ein leidenschaftliches Unterfangen, das es ihnen ermöglicht, ihre Liebe zum Essen mit anderen zu teilen. Es ist eine Plattform, um Kreativität, kulinarisches Können und unternehmerischen Elan auszudrücken!

TEIL 3
Wie Sie Ihren Food Truck-Zielmarkt identifizieren

Um Ihren Zielmarkt für ein Imbisswagengeschäft zu bestimmen, müssen Sie verstehen, wer Ihre potenziellen Kunden sind und welche Vorlieben, Bedürfnisse und Verhaltensweisen sie haben. Hier sind Schritte, die Ihnen helfen, Ihren Zielmarkt zu identifizieren:

Demografische Daten recherchieren: Beginnen Sie damit, die demografischen Daten des Gebiets zu recherchieren, in dem Sie Ihren Imbisswagen betreiben wollen. Dazu gehören Faktoren wie Alter, Geschlecht, Einkommensniveau, Beruf, Bildungsniveau und Familiengröße.

Kundenbedürfnisse ermitteln: Verstehen Sie die Bedürfnisse und Vorlieben Ihrer potenziellen Kunden. Sind sie auf der Suche nach schnellen und erschwinglichen Mahlzeiten, Gourmet-Optionen, gesunden Lebensmitteln oder einer bestimmten Art von Küche?

Recherchieren Sie den Wettbewerb: Studieren Sie Ihre Konkurrenten in der Foodtruck-Branche. Finden Sie heraus, auf wen sie abzielen und was sie erfolgreich macht. Dies kann Ihnen Einblicke in Marktlücken oder Möglichkeiten zur Differenzierung Ihres Angebots geben.

Führen Sie Umfragen oder Interviews durch: Sprechen Sie mit Ihrer Zielgruppe direkt durch Umfragen, Interviews oder Fokusgruppen. Stellen Sie Fragen zu ihren Essensvorlieben, Essgewohnheiten, Ausgabegewohnheiten und was sie an einem Food Truck reizen würde.

Soziale Medien und Online-Tools nutzen: Nutzen Sie Social-Media-Plattformen und Online-Tools, um Daten und Erkenntnisse über potenzielle Kunden zu sammeln. Beobachten Sie Gespräche, Trends und Feedback in Bezug auf Food Trucks und ähnliche Unternehmen.

Standort berücksichtigen: Der Standort Ihres Imbisswagens kann auch Ihren Zielmarkt beeinflussen. Wenn Sie zum Beispiel in der Nähe von Büros parken, könnte Ihre Zielgruppe aus Berufstätigen bestehen, die ein schnelles Mittagessen suchen. Wenn Sie in der Nähe von Parks oder Touristenattraktionen parken, könnte Ihr Zielmarkt Familien, Touristen oder Outdoor-Fans umfassen.

Kundenavatar erstellen: Erstellen Sie auf der Grundlage der gesammelten Informationen Kundenavatare, die Ihre Zielgruppe repräsentieren. Fügen Sie Details wie demografische Daten, Vorlieben, Verhaltensweisen, Herausforderungen und Ziele hinzu. Auf diese Weise können Sie Ihre Marketingstrategien und Angebote effektiv anpassen.

Indem Sie diese Schritte befolgen und kontinuierlich Feedback und Daten sammeln, können Sie Ihr Verständnis für Ihren Zielmarkt verfeinern und Ihr Food Truck-Geschäft auf dessen Bedürfnisse und Vorlieben abstimmen.

TEIL 4
So erstellen Sie Ihr Foodtruck-Menü

Die Planung eines Menüs für Ihr Imbisswagengeschäft umfasst mehrere wichtige Schritte, um den Erfolg zu gewährleisten. Hier ist ein Leitfaden, der Ihnen hilft, Ihr Food Truck-Menü effektiv zu planen:

Erforschen Sie Ihren Markt:

Verstehen Sie die Vorlieben und Geschmäcker Ihrer Zielkunden.

Ermitteln Sie beliebte Ernährungstrends und Küchen in Ihrer Region.

Berücksichtigen Sie diätetische Präferenzen wie vegetarisch, vegan, glutenfrei usw.

Definieren Sie Ihr Konzept:

Entscheiden Sie sich für die Art der Küche oder das Thema Ihres Food Trucks (z. B. mexikanisch, BBQ, Burger, Fusion).

Legen Sie fest, ob Sie sich auf eine bestimmte Mahlzeit (z. B. Frühstück, Mittagessen, Snacks) konzentrieren oder ein komplettes Menü anbieten wollen.

Erstellen Sie ein Hauptmenü:

Erstellen Sie eine Liste mit typischen Gerichten, die Ihr Konzept repräsentieren und Ihren Zielmarkt ansprechen.

Bieten Sie eine Vielzahl von Produkten an, z. B. Hauptgerichte, Beilagen, Desserts und Getränke.

Achten Sie darauf, dass Ihre Speisekarte ein ausgewogenes Verhältnis von Geschmacksrichtungen, Texturen und Ernährungsoptionen aufweist.

Überlegen Sie sich eine Preisstrategie:

Bestimmen Sie die Preisspanne für Ihre Menüpunkte auf der Grundlage der Kosten für die Zutaten, der Konkurrenz und der Zahlungsbereitschaft der Zielkunden.

Bieten Sie günstige Kombinationen oder Mahlzeiten an, um Kunden anzuziehen und den Umsatz zu steigern.

Testen und verfeinern:

Führen Sie Geschmackstests durch und holen Sie Feedback von Freunden, Verwandten und potenziellen Kunden ein.

Anpassung der Speisekarte auf der Grundlage von Feedback und Beliebtheit der Gerichte.

Saisonale und besondere Artikel:
Bieten Sie saisonale Sonderangebote oder zeitlich begrenzte Menüs an, um die Kunden zu begeistern und Stammkunden anzuziehen.
Integrieren Sie lokale Zutaten oder saisonale Geschmacksrichtungen, um relevant zu bleiben und saisonale Trends zu bedienen.

Präsentation des Menüs:
Entwerfen Sie eine auffällige Menükarte oder eine digitale Speisekarte, die leicht zu lesen und zu verstehen ist.
Verwenden Sie verlockende Beschreibungen und hochwertige Bilder, um Ihre Gerichte zu präsentieren und Kunden zu verführen.

Operative Erwägungen:
Stellen Sie sicher, dass Ihr Menü in Bezug auf Vorbereitungs-, Koch- und Servierzeiten überschaubar ist.
Planen Sie die Beschaffung von Zutaten, die Lagerung und die Bestandsverwaltung, um die Konsistenz und Qualität der Menüs zu gewährleisten.

Wenn Sie diese Schritte befolgen und Ihre Speisekarte auf der Grundlage von Kundenfeedback und Markttrends laufend evaluieren, können Sie eine überzeugende und erfolgreiche Speisekarte für Ihr Food Truck-Geschäft erstellen.

Wenn Sie sich immer noch ein wenig verloren fühlen, finden Sie hier ein Standardmenü für Foodtrucks, das eine Reihe beliebter Gerichte enthält, die Ihnen den Einstieg erleichtern können:

Hauptgerichte:
Cheeseburger: Klassisches Rindfleischpatty, Käse, Salat, Tomate, Zwiebel und Spezialsoße auf einem Brioche-Brötchen.
Hähnchen-Tacos: Gegrilltes Hähnchen, Salat, Salsa, Käse und saure Sahne in weichen Maistortillas.
Veggie-Wrap: Gegrilltes Gemüse, Hummus, gemischtes Grünzeug und Feta-Käse in einem Vollkorn-Wrap.

Die Seiten:

Pommes frites: Knusprige, goldgelbe Pommes frites, serviert mit Ketchup oder Aioli zum Dippen.

Zwiebelringe: Mit Bier gebackene Zwiebelringe, perfekt gebraten und mit Ranch-Dressing serviert.

Caesar-Salat: Römischer Salat, Croutons, Parmesankäse und Caesar-Dressing.

Besondere Artikel:

BBQ Pulled Pork Sandwich: Langsam gegartes Pulled Pork in würziger BBQ-Sauce, serviert auf einem getoasteten Brötchen mit Krautsalat.

Fisch-Tacos: In Bier gebackener Fisch, Krautsalat, Avocado-Crema und Salsa in weichen Mehltortillas.

Falafel-Schüssel: Knusprige Falafelbällchen, Tabbouleh-Salat, Hummus und Tahinisauce auf Quinoa.

Nachspeisen:

Churros: Frittierter Teig mit Zimtzucker bestreut, serviert mit Schokoladensoße zum Dippen.

Eiscreme-Sandwich: Vanilleeis zwischen zwei Schokoladenplätzchen.

Obstsalat: Frische Früchte der Saison, gekühlt serviert mit einem Spritzer Honig-Limetten-Dressing.

Getränke:

Erfrischungsgetränke: Cola, Sprite, Cola Light und andere Limonaden.

Eistee: Gesüßter oder ungesüßter Eistee mit Zitronenscheiben.

Wasser in Flaschen: Stilles oder kohlensäurehaltiges Wasser in Flaschen.

Diese Speisekarte bietet eine Mischung aus Klassikern wie Burgern und Tacos sowie einige Spezialitäten zur Abwechslung. Sie können die Speisekarte an Ihr spezifisches Konzept, Ihr Zielpublikum und die verfügbaren Zutaten anpassen. Vergessen Sie nicht, die Preise und attraktive Beschreibungen auf Ihrer Speisekarte anzugeben, um die Kunden anzulocken!

TEIL 5
Food Truck Business Preisgestaltung Strategie

Eine gute Preisstrategie für Ihr Foodtruck-Geschäft kann von verschiedenen Faktoren abhängen, z. B. von Ihrem Zielmarkt, der Konkurrenz, den Kosten und dem Wertversprechen. Hier sind einige Preisstrategien, die Sie in Betracht ziehen können:

Penetrationspreise: Dies ist eine Marketingstrategie, die von Unternehmen angewandt wird, um Kunden für ein neues Produkt oder eine neue Dienstleistung zu gewinnen, indem sie bei der Markteinführung einen niedrigeren Preis anbieten. Der niedrigere Preis hilft einem neuen Produkt oder einer neuen Dienstleistung, den Markt zu durchdringen und Kunden von der Konkurrenz wegzulocken.

Kosten-Plus-Preise: Berechnen Sie alle Ihre Kosten (Zutaten, Arbeit, Gemeinkosten usw.) und fügen Sie einen Aufschlag hinzu, um Ihren Verkaufspreis zu ermitteln. So können Sie Ihre Ausgaben decken und einen Gewinn erzielen.

Wertorientierte Preisgestaltung: Legen Sie Ihre Preise auf der Grundlage des wahrgenommenen Wertes Ihrer Speisen fest. Wenn Sie einzigartige oder hochwertige Gerichte anbieten, können Sie diese höher bepreisen als Standardprodukte.

Konkurrenzfähige Preisgestaltung: Recherchieren Sie die Preise Ihrer Konkurrenten und setzen Sie Ihre Preise entweder etwas niedriger, gleich oder höher an, je nach Ihrer Positionierung und Ihren Alleinstellungsmerkmalen.

Bündelpreise: Bieten Sie Mahlzeitendeals oder -kombinationen an, um Kunden dazu zu bewegen, mehr auszugeben. Zum Beispiel ein Kombi-Menü mit einem Hauptgericht, einer Beilage und einem Getränk zu einem günstigeren Preis als beim Kauf jedes einzelnen Artikels.

Saisonale Preisgestaltung: Passen Sie Ihre Preise saisonal oder anlassbezogen an. So können Sie z. B. während der Feiertage oder Feste Sonderangebote oder Rabatte anbieten, um mehr Kunden anzuziehen.

Psychologische Preisgestaltung: Verwenden Sie Preisgestaltungstechniken wie die Festlegung von Preisen knapp unter einer runden Zahl (9,99 $ statt 10 $) oder die Hervorhebung von Rabatten (z. B. "20 % Rabatt"), um Ihre Preise attraktiver zu machen.

Dynamische Preisgestaltung: Passen Sie die Preise je nach Nachfrage, Tageszeit oder anderen Faktoren an. So können Sie z. B. außerhalb der Stoßzeiten niedrigere Preise anbieten, um mehr Kunden anzuziehen.

Gestaffelte Preisgestaltung: Bieten Sie verschiedene Preisstufen mit unterschiedlichem Umfang an Dienstleistungen oder Portionen an. So können die Kunden wählen, was zu ihrem Budget und ihren Vorlieben passt.

Experimentieren Sie mit verschiedenen Preisstrategien und beobachten Sie deren Auswirkungen auf Umsatz und Rentabilität. Auch Kundenfeedback und Markttrends können Ihre Preisentscheidungen im Laufe der Zeit beeinflussen.

TEIL 6
Standortwahl für Ihr Food Truck Geschäft

Die Wahl eines guten Standorts für Ihr Foodtruck-Geschäft ist entscheidend für dessen Erfolg. Hier sind einige Schritte, die Ihnen helfen, den richtigen Standort zu wählen:

Verstehen Sie Ihren Zielmarkt: Ermitteln Sie Ihre Zielkunden, ihre Vorlieben und den Ort, an dem sie sich wahrscheinlich aufhalten werden. Berücksichtigen Sie Faktoren wie Demografie, Lebensstil und Essgewohnheiten.

Recherchieren Sie stark frequentierte Gebiete: Suchen Sie nach Gebieten mit hohem Fußgängeraufkommen, z. B. Geschäftsviertel, Einkaufszentren, Touristenorte, Parks und Veranstaltungsorte. Diese Orte können einen ständigen Strom potenzieller Kunden anziehen.

Berücksichtigen Sie die Konkurrenz: Beurteilen Sie die Präsenz von Wettbewerbern in dem Gebiet. Ein gewisses Maß an Wettbewerb kann zwar gesund sein, aber zu viel könnte den Markt sättigen. Wählen Sie einen Standort, an dem Sie sich abheben oder etwas Einzigartiges anbieten können.

Prüfen Sie die Bebauungsvorschriften: Vergewissern Sie sich, dass der von Ihnen gewählte Standort mit den örtlichen Bauvorschriften und Genehmigungen für Food Trucks übereinstimmt. In einigen Gebieten gibt es möglicherweise Einschränkungen für den Betrieb von Food Trucks.

Prüfen Sie Parkmöglichkeiten und Zugänglichkeit: Berücksichtigen Sie die Verfügbarkeit von Parkplätzen für Ihren Imbisswagen und stellen Sie sicher, dass sowohl die Kunden als auch Ihr Wagen leicht zugänglich sind.

Beurteilen Sie Sichtbarkeit und Beschilderung: Entscheiden Sie sich für einen Standort mit guter Sichtbarkeit, um Passanten anzuziehen. Investieren Sie in eine auffällige Beschilderung, um Kunden anzulocken und Ihre Präsenz bekannt zu machen.

Überprüfen Sie die Kosten: Beurteilen Sie die Kosten, die mit dem Betrieb an verschiedenen Standorten verbunden sind, einschließlich Miete oder Gebühren, Versorgungsleistungen und andere Ausgaben. Wägen Sie diese Kosten gegen die potenziellen Besucherzahlen und Einnahmen ab.

Testen Sie mehrere Standorte: Testen Sie Ihren Foodtruck an verschiedenen Tagen an unterschiedlichen Standorten, um Daten über Kundenpräferenzen, Umsätze und Besucherzahlen zu sammeln, bevor Sie sich auf einen langfristigen Standort festlegen.

Wenn Sie diese Schritte befolgen und Faktoren wie Zielmarkt, Wettbewerb, Vorschriften, Erreichbarkeit, Sichtbarkeit und Kosten sorgfältig berücksichtigen, können Sie einen guten Standort auswählen, der das Erfolgspotenzial Ihres Foodtruck-Geschäfts maximiert.

TEIL 7
Food Truck Business Genehmigungen und Lizenzen

Die Einholung von Genehmigungen und Lizenzen für Ihr Food Truck-Geschäft ist ein entscheidender Schritt, um die Einhaltung der örtlichen Vorschriften zu gewährleisten und legal zu arbeiten. Hier sind die allgemeinen Schritte, die Sie befolgen sollten:

Recherchieren Sie die örtlichen Anforderungen: Informieren Sie sich zunächst über die spezifischen Genehmigungen und Lizenzen, die für den Betrieb eines Food Trucks in Ihrer Stadt oder Ihrem Landkreis erforderlich sind. Die Vorschriften können je nach Standort erheblich variieren.

Kontaktieren Sie das örtliche Gesundheitsamt: Wenden Sie sich an Ihr örtliches Gesundheitsamt, um sich über die Lebensmittelsicherheitsvorschriften und -anforderungen für den Betrieb eines Food Trucks zu informieren. Sie können Informationen über die erforderlichen Zertifizierungen und Inspektionen geben.

Beantragen Sie eine Gesundheitserlaubnis: Beantragen Sie eine Gesundheitserlaubnis, auch bekannt als Lebensmittelzulassung oder Genehmigung für Lebensmittelbetriebe, die nachweist, dass Ihr Lebensmittel-LKW die Gesundheits- und Sicherheitsstandards erfüllt.

Geschäftslizenz: Beantragen Sie bei Ihrer Stadt- oder Kreisverwaltung eine Geschäftslizenz oder eine Lizenz für mobile Lebensmittelverkäufe. Mit dieser Lizenz können Sie in dem betreffenden Gebiet legal ein Geschäft betreiben.

Zertifizierungen für den Umgang mit Lebensmitteln: Vergewissern Sie sich, dass alle Mitarbeiter, die in Ihrem Food Truck mit Lebensmitteln umgehen, über die erforderlichen Zertifizierungen für den Umgang mit Lebensmitteln verfügen. Diese Zertifizierungen können das Absolvieren eines Lebensmittelsicherheitskurses und das Bestehen einer Prüfung beinhalten.

Zoneneinteilung und Parkgenehmigungen: Prüfen Sie die Bebauungsvorschriften, um sicherzustellen, dass Sie Ihren Food Truck in bestimmten Gebieten parken und betreiben dürfen. Möglicherweise benötigen Sie Parkerlaubnisse oder Genehmigungen von Grundstückseigentümern oder lokalen Behörden.

Brandsicherheitsgenehmigung: Je nach Standort und Größe Ihres Food Trucks benötigen Sie möglicherweise eine Brandschutzgenehmigung, um die Einhaltung der Brandschutzvorschriften und Sicherheitsmaßnahmen zu gewährleisten.

Andere Genehmigungen und Inspektionen: Zusätzlich zu den oben genannten Genehmigungen benötigen Sie möglicherweise weitere Genehmigungen und Inspektionen, z. B. Genehmigungen für Propan oder Gas für Kochgeräte, Genehmigungen für Beschilderungen und Genehmigungen für die Abwasserentsorgung.

Anträge und Gebühren einreichen: Bereiten Sie alle erforderlichen Anträge vor und reichen Sie sie zusammen mit den erforderlichen Gebühren ein. Behalten Sie die Fristen im Auge und informieren Sie sich über den Status Ihrer Anträge.

Nehmen Sie an Inspektionen teil: Sobald Ihre Anträge genehmigt sind, planen Sie die erforderlichen Inspektionen und nehmen Sie daran teil, um sicherzustellen, dass Ihr Lebensmittelwagen alle behördlichen Anforderungen erfüllt.

Es ist wichtig, dass Sie sich über alle Änderungen der Vorschriften auf dem Laufenden halten und Ihre Genehmigungen und Lizenzen wie vorgeschrieben erneuern, um Strafen oder Unterbrechungen Ihres Geschäftsbetriebs zu vermeiden. Die Beratung durch Rechts- und Regulierungsexperten kann ebenfalls hilfreich sein, um das Genehmigungs- und Zulassungsverfahren effektiv zu gestalten.

TEIL 8
Gesundheits- und Sicherheitsvorschriften für Food Trucks

Die Kenntnis der Gesundheits- und Sicherheitsvorschriften für Ihr Lebensmittelunternehmen ist entscheidend für die Einhaltung der Vorschriften und das Wohlbefinden Ihrer Kunden. Hier sind einige Schritte, die Sie unternehmen können, um sich über diese Vorschriften zu informieren:

Recherchieren Sie auf Regierungswebsites: Besuchen Sie die offiziellen Websites der Regierungsbehörden, die für die Regulierung der Lebensmittelsicherheit in Ihrer Region zuständig sind. Dies könnte die Food and Drug Administration (FDA) oder das Gesundheitsministerium sein. Auf diesen Websites finden Sie oft ausführliche Informationen über die Anforderungen an die Lebensmittelsicherheit, Vorschriften und Richtlinien speziell für Lebensmittel-LKW.

Nehmen Sie an Workshops oder Seminaren teil: Suchen Sie nach Workshops, Seminaren oder Schulungsprogrammen, die von Gesundheitsämtern oder Branchenverbänden durchgeführt werden. Diese Veranstaltungen können wertvolle Einblicke in Gesundheits- und Sicherheitspraktiken, Vorschriften und Konformitätsanforderungen für Betreiber von Lebensmittelfahrzeugen bieten.

Konsultieren Sie die Gesundheitsinspektoren: Vereinbaren Sie einen Gesprächstermin mit den Gesundheitsinspektoren oder Behördenvertretern in Ihrer Region. Sie können Sie mit spezifischen Informationen über die Vorschriften versorgen, die Sie befolgen müssen, Ihre Fragen beantworten und Sie durch das Verfahren zur Beschaffung der erforderlichen Genehmigungen und Lizenzen führen.

Treten Sie Branchenverbänden bei: Ziehen Sie in Erwägung, Branchenverbänden oder Organisationen beizutreten, die sich mit dem Betrieb von Food Trucks befassen. Diese Verbände bieten häufig Ressourcen, Anleitungen und Vernetzungsmöglichkeiten, die Ihnen dabei helfen können, über Gesundheits- und Sicherheitsvorschriften und bewährte Verfahren informiert zu bleiben.

Online-Kurse und Ressourcen: Informieren Sie sich über Online-Kurse, Webinare und Ressourcen zum Thema Lebensmittelsicherheit und Vorschriften für Lebensmittelunternehmen. Viele renommierte Organisationen und Plattformen bieten Kurse an, die speziell auf Betreiber von Lebensmitteltransportern zugeschnitten sind.

Konsultieren Sie Rechts- und Regulierungsexperten: Wenn Sie spezielle Fragen oder Bedenken bezüglich der Gesundheits- und Sicherheitsvorschriften haben, sollten Sie sich an Rechtsexperten oder Berater für Rechtsvorschriften wenden, die sich auf die Vorschriften der Lebensmittelindustrie spezialisiert haben. Diese können Sie je nach Standort und Geschäftsanforderungen individuell beraten.

Indem Sie diese Schritte unternehmen und sich proaktiv über die Gesundheits- und Sicherheitsvorschriften informieren, können Sie sicherstellen, dass Ihr Imbisswagenbetrieb alle erforderlichen Anforderungen erfüllt und sicher und legal arbeitet.

TEIL 9
Auswahl eines Food Trucks oder Anhängers

Die Wahl des richtigen Lastwagens oder Anhängers für Ihr Foodtruck-Geschäft ist entscheidend für Ihren Erfolg. Hier sind einige Schritte, die Ihnen helfen, die richtige Wahl zu treffen:

Definieren Sie Ihr Menü und den Bedarf an Geräten: Definieren Sie zunächst Ihr Menü und die Geräte, die Sie für die Zubereitung und das Servieren Ihrer Gerichte benötigen. Auf diese Weise können Sie die Größe und die Anforderungen an Ihren LKW oder Anhänger bestimmen.

Berücksichtigen Sie Ihr Budget: Bestimmen Sie, wie viel Sie bereit sind, in Ihren Food Truck oder Anhänger zu investieren. So können Sie Ihre Optionen eingrenzen und sich auf Fahrzeuge konzentrieren, die in Ihrem Budget liegen.

Größe und Layout: Wählen Sie einen Lkw oder Anhänger, der genügend Platz für Ihre Küchenausrüstung, Lagerung und Arbeitsfläche bietet. Berücksichtigen Sie Faktoren wie die Anzahl der Mitarbeiter, die darin arbeiten werden, und wie viel Stehhöhe die Kunden benötigen.

Anforderungen an die Mobilität: Überlegen Sie, wo Sie Ihren Food Truck einsetzen wollen. Wenn Sie in engen städtischen Straßen unterwegs sind, ist ein kleinerer LKW vielleicht praktischer. Für größere Veranstaltungen oder ländliche Standorte könnte ein größerer Lkw oder Anhänger geeignet sein.

Zustand und Wartung: Unabhängig davon, ob Sie einen neuen oder gebrauchten Lkw oder Anhänger kaufen, sollten Sie den Zustand des Fahrzeugs gründlich prüfen. Berücksichtigen Sie die laufenden Wartungskosten und die Verfügbarkeit von Ersatzteilen und Service in Ihrer Region.

Einhaltung von Vorschriften und Bestimmungen: Vergewissern Sie sich, dass das von Ihnen gewählte Fahrzeug den Gesundheits- und Sicherheitsvorschriften entspricht, einschließlich der Vorschriften für den Umgang mit Lebensmitteln, den Brandschutz und die Fahrzeuginspektion. Erkundigen Sie sich bei Ihrem örtlichen Gesundheitsamt und den zuständigen Behörden nach spezifischen Anforderungen.

Anpassungsmöglichkeiten: Abhängig von Ihrem Menü und Ihrem Branding möchten Sie vielleicht das Innere und Äußere Ihres Lastwagens oder Anhängers individuell gestalten. Ziehen Sie Anpassungsoptionen in Betracht, die mit Ihren Geschäftszielen und dem Kundenerlebnis übereinstimmen.

Versicherung und Finanzierung: Informieren Sie sich über Versicherungsoptionen für Lebensmittel-LKW oder -Anhänger und ziehen Sie Finanzierungsmöglichkeiten in Betracht, wenn Sie nicht direkt kaufen wollen. Berücksichtigen Sie bei Ihrer Entscheidung die Versicherungskosten und Finanzierungsbedingungen.

Wenn Sie diese Faktoren sorgfältig abwägen, können Sie den richtigen Lkw oder Anhänger auswählen, der Ihren geschäftlichen Anforderungen entspricht und Sie für den Erfolg in der Food Truck-Branche rüstet.

Websites für die Suche nach einem günstigen Fahrzeug

FoodTruckEmpire.com

FoodTruckEmpire.com bietet eine große Auswahl an neuen und gebrauchten Food Trucks zum Verkauf an. Sie verfügen über Angebote von verschiedenen Verkäufern in den Vereinigten Staaten, so dass es einfach, Preise zu vergleichen und finden Sie Rabatte auf Lebensmittel-LKW, die Ihr Budget und Anforderungen passen.

UsedVending.com

UsedVending.com ist spezialisiert auf den Verkauf von gebrauchten Food Trucks, Anhängern und anderen Vending-Geräten. Sie haben einen großen Bestand an preisreduzierten Lastwagen verschiedener Marken und Verkäufer. Sie können die Angebote durchstöbern und die Verkäufer direkt kontaktieren, um Preise auszuhandeln.

FoodTruckForSale.com

FoodTruckForSale.com ist ein Marktplatz für den Kauf und Verkauf von neuen und gebrauchten Food Trucks. Sie bieten Preisnachlässe auf gebrauchte LKWs und stellen detaillierte Angebote mit Fotos, Spezifikationen und Kontaktinformationen des Verkäufers zur Verfügung. Sie können nach Lastwagen nach Standort, Preisklasse und anderen Kriterien suchen.

RoamingHunger.com

Roaming Hunger ist eine Plattform, die Käufer von Food Trucks mit Verkäufern zusammenbringt. Während sie sich in erster Linie darauf konzentrieren, Kunden bei der Suche nach Food Trucks für Veranstaltungen und Catering zu helfen, listen sie auch vergünstigte Trucks zum Verkauf auf. Sie können ihre Suchfilter verwenden, um die Optionen basierend auf Ihrem Budget und Standort einzugrenzen.

Craigslist.org

Craigslist ist eine beliebte Online-Kleinanzeigenplattform, auf der Sie eine Vielzahl von Artikeln zum Verkauf finden können, darunter auch Food Trucks. Da die Angebote auf Craigslist je nach Standort und Verfügbarkeit variieren können, lohnt es sich, regelmäßig nach vergünstigten Trucks zu suchen und direkt mit den Verkäufern zu verhandeln.

Dies sind nicht die einzigen Websites, aber bieten eine Reihe von Optionen, um Ihre Suche nach ermäßigten Lastwagen für Ihre Lebensmittel-LKW-Geschäft zu beginnen. Achten Sie darauf, gründlich zu recherchieren jedes Angebot, inspizieren die Fahrzeuge in Person, wenn möglich, und die Preise zu verhandeln, um das beste Angebot zu bekommen.

TEIL 10
Ausrüstung und Zubehör für Ihr Food Truck Geschäft

Die Gründung eines Imbisswagens erfordert eine spezielle Ausrüstung und Versorgung, um einen reibungslosen Betrieb zu gewährleisten und qualitativ hochwertiges Essen servieren zu können. Hier ist eine Liste der wichtigsten Artikel, die Sie benötigen:

Food Truck-Fahrzeug: Es ist das Herzstück Ihres Unternehmens und sollte mit Koch- und Lagermöglichkeiten ausgestattet sein. Berücksichtigen Sie bei der Auswahl eines Food Trucks Faktoren wie Größe, Mobilität und Layout.

Ausrüstung zum Kochen:
Griddle oder Grill zum Zubereiten von Burgern, Sandwiches und anderen Speisen.
Fritteuse zum Frittieren von Lebensmitteln wie Pommes frites, Hähnchenschenkel oder frittierten Meeresfrüchten.
Herd oder Ofen zum Kochen von Suppen, Eintöpfen und Soßen.
Backofen zum Backen oder Braten.
Mikrowelle zum schnellen Erhitzen oder Garen von bestimmten Speisen.
Kühlgeräte für die Lagerung verderblicher Zutaten.

Ausrüstung für die Lebensmittelzubereitung:
Schneidebretter, Messer und Utensilien für die Zubereitung von Speisen.
Rührschüsseln, Töpfe und Pfannen zum Kochen.
Küchenmaschinen oder Mixer für die Zubereitung von Soßen, Dips oder Smoothies.
Schneidemaschinen und Würfelschneider für die effiziente Zubereitung von Zutaten.

Service- und Anzeigegeräte:
Bedientheke oder Schaufenster für Kundenkontakte.
Vitrinen oder Regale für die Präsentation von Menüpunkten.
Registrierkasse oder POS-System für Transaktionen.
Menütafeln oder Schilder zur Anzeige von Angeboten und Preisen.

Lagerung und Organisation:
Regale und Schränke zur Aufbewahrung von Zutaten, Utensilien und Vorräten.
Aufbewahrungsbehälter und -boxen, um Lebensmittel frisch und geordnet zu halten.
Mülleimer und Recycling-Behälter für die Abfallentsorgung.

Sicherheit und Hygiene:
Feuerlöscher und Erste-Hilfe-Kasten für Notfälle.
Handwaschbecken und Desinfektionsstationen für die Lebensmittelsicherheit.
Reinigungsmittel wie Desinfektionsmittel, Waschmittel und Müllsäcke.
Handschuhe und Haarnetze in Lebensmittelqualität für die Lebensmittelhygiene.

Generator oder Stromquelle: Stellen Sie sicher, dass Sie über eine zuverlässige Stromquelle verfügen, um Ihre Geräte zu betreiben, vor allem wenn Sie an Orten arbeiten, die keinen Zugang zu Stromanschlüssen haben.

Menü-spezifische Ausrüstung: Je nach Speisekarte benötigen Sie möglicherweise spezielle Geräte wie einen Pizzaofen, eine Waffelmaschine oder eine Eismaschine.

Einwegartikel und Servierzubehör:
Einweggeschirr, -utensilien und -becher.
Servietten, Papiertücher und Wischtücher für die Reinigung und den Gebrauch durch Kunden.
Behälter zum Mitnehmen und Tüten zum Servieren von Speisen zum Mitnehmen.

Marketing- und Branding-Materialien: Visitenkarten, Flyer, Speisekarten und Markenartikel, um für Ihren Food Truck zu werben und Kunden anzuziehen.

Es ist wichtig, sich über die örtlichen Vorschriften und Gesundheitsregeln zu informieren, um sicherzustellen, dass die Anforderungen in Bezug auf Ausrüstung, Handhabung von Lebensmitteln und Sicherheitsstandards erfüllt werden. Berücksichtigen Sie bei der Auswahl von Ausrüstung und Zubehör für Ihr Foodtruck-Geschäft auch Faktoren wie Platzmangel, Budgetbeschränkungen und die Komplexität der Speisekarte.

Food Truck Websites für Ausrüstung und Zubehör

WebstaurantStore.de

Zusammenfassung: WebstaurantStore ist ein umfassendes Online-Geschäft für Gastronomiebedarf, das eine breite Palette von Ausrüstungen, Zubehör und Möbeln für Gastronomiebetriebe anbietet. Die wettbewerbsfähigen Preise, die große Auswahl an Produkten und der schnelle Versand machen WebstaurantStore zu einer beliebten Wahl für Foodtruck-Besitzer.

Restaurant Depot.com

Zusammenfassung: Restaurant Depot ist ein auf Mitgliedschaft basierender Großhandelslieferant für Restaurants, Imbisswagen und andere gastronomische Einrichtungen. Sie bieten Mengenrabatte auf eine Vielzahl von Produkten, darunter Lebensmittel, Ausrüstung, Einwegartikel und Reinigungsmittel. Um bei Restaurant Depot einkaufen zu können, ist eine Mitgliedschaft erforderlich.

KaTom.de

Zusammenfassung: KaTom Restaurant Supply ist ein zuverlässiger Lieferant von Großküchengeräten, Kleinteilen und Restaurantbedarf. Sie haben eine benutzerfreundliche Website mit einer großen Auswahl an Produkten von führenden Marken. KaTom bietet wettbewerbsfähige Preise, einen hervorragenden Kundenservice und schnelle Liefermöglichkeiten.

Ace Mart.com

Zusammenfassung: Ace Mart ist eine zuverlässige Quelle für Restaurant- und Foodservice-Ausrüstung, Zubehör und Möbel. Mit einer vielfältigen Auswahl an Produkten zu wettbewerbsfähigen Preisen werden verschiedene Branchen, darunter auch Food Trucks, bedient. Ace Mart bietet außerdem eine persönliche Kundenbetreuung und einen schnellen Lieferservice.

TigerChef.de

Zusammenfassung: TigerChef ist ein Online-Geschäft für Restaurantbedarf, das eine breite Palette von Produkten für Großküchen und Food Trucks anbietet. Das Unternehmen verfügt über eine benutzerfreundliche Website, wettbewerbsfähige Preise und einen großen Bestand an Geräten, Kleingeräten und Verbrauchsmaterialien. TigerChef bietet auch Ressourcen und Leitfäden für Restaurantbesitzer.

Diese Websites sind seriöse Quellen für den Kauf von Ausrüstung, Verbrauchsmaterialien und anderen wichtigen Dingen für Ihr Food Truck-Geschäft. Es wird empfohlen, Preise zu vergleichen, Kundenrezensionen zu lesen und Versandkosten und Lieferzeiten zu berücksichtigen, bevor Sie einen Kauf tätigen.

TEIL 11
Food Truck Websites für Ausrüstung und Zubehör

WebstaurantStore.de

Zusammenfassung: WebstaurantStore ist ein umfassendes Online-Geschäft für Gastronomiebedarf, das eine breite Palette von Ausrüstungen, Zubehör und Möbeln für Gastronomiebetriebe anbietet. Sie haben wettbewerbsfähige Preise, eine große Auswahl an Produkten und schnelle Versandoptionen, so dass sie eine beliebte Wahl für Lebensmittel-LKW-Besitzer.

Restaurant Depot.com

Zusammenfassung: Restaurant Depot ist ein auf Mitgliedschaft basierender Großhandelslieferant für Restaurants, Imbisswagen und andere gastronomische Einrichtungen. Sie bieten Mengenrabatte auf eine Vielzahl von Produkten, darunter Lebensmittel, Ausrüstung, Einwegartikel und Reinigungsmittel. Eine Mitgliedschaft ist erforderlich, um bei Restaurant Depot einzukaufen.

KaTom.de

Zusammenfassung: KaTom Restaurant Supply ist ein zuverlässiger Lieferant von Großküchengeräten, Kleinteilen und Restaurantbedarf. Sie haben eine benutzerfreundliche Website mit einer großen Auswahl an Produkten von führenden Marken. KaTom bietet wettbewerbsfähige Preise, einen hervorragenden Kundenservice und schnelle Liefermöglichkeiten.

Ace Mart.com

Zusammenfassung: Ace Mart ist eine zuverlässige Quelle für Restaurant- und Foodservice-Ausrüstung, Zubehör und Möbel. Mit einer vielfältigen Auswahl an Produkten zu wettbewerbsfähigen Preisen werden verschiedene Branchen, darunter auch Food Trucks, bedient. Ace Mart bietet außerdem eine persönliche Kundenbetreuung und einen schnellen Lieferservice.

TigerChef.de

Zusammenfassung: TigerChef ist ein Online-Geschäft für Restaurantbedarf, das eine breite Palette von Produkten für Großküchen und Food Trucks anbietet. Das Unternehmen verfügt über eine benutzerfreundliche Website, wettbewerbsfähige Preise und einen großen Bestand an Geräten, Kleingeräten und Verbrauchsmaterialien. TigerChef bietet auch Ressourcen und Leitfäden für Restaurantbesitzer.

Diese Websites sind seriöse Quellen für den Kauf von Ausrüstung, Verbrauchsmaterialien und anderen wichtigen Dingen für Ihr Food Truck-Geschäft. Es wird empfohlen, Preise zu vergleichen, Kundenrezensionen zu lesen und Versandkosten und Lieferzeiten zu berücksichtigen, bevor Sie einen Kauf tätigen.

TEIL 12
Food Truck Business Marketing Plan

Die Entwicklung eines Marketingplans für Ihr Imbisswagengeschäft umfasst mehrere wichtige Schritte, um Ihre Zielgruppe effektiv zu erreichen und Ihr Angebot zu bewerben. Im Folgenden finden Sie einen strukturierten Ansatz für die Erstellung eines Marketingplans:

Marktforschung:

Identifizieren Sie Ihren Zielmarkt (z. B. demografische Daten, Vorlieben, Verhaltensweisen).

Analysieren Sie Ihre Konkurrenten (z. B. deren Angebote, Preise, Marketingstrategien).

Alleinstellungsmerkmal (Unique Selling Proposition, USP):

Bestimmen Sie, was Ihren Food Truck von der Konkurrenz unterscheidet.

Heben Sie Ihr Alleinstellungsmerkmal bei Ihren Marketingmaßnahmen hervor, um Kunden anzuziehen.

Ziele und Zielsetzungen:

Setzen Sie sich spezifische, messbare, erreichbare, relevante und zeitgebundene (SMART) Ziele.

Beispiele für Ziele sind die Steigerung des Umsatzes um einen bestimmten Prozentsatz, die Ausweitung auf neue Standorte oder der Ausbau des Markenbewusstseins.

Marketing-Strategien:

Definieren Sie Ihren Marketing-Mix (Produkt, Preis, Ort, Werbung).

Produkt: Beschreiben Sie Ihr Speisenangebot, Ihre Menüvariationen und Spezialitäten.

Preis: Legen Sie Ihre Preisstrategie fest (z. B. wettbewerbsfähige Preise, Premiumpreise, günstige Preise).

Ort: Ermitteln Sie die Standorte, an denen Sie Ihren Foodtruck betreiben werden, und ziehen Sie Partnerschaften mit Veranstaltungen oder Unternehmen in Betracht.

Werbung: Skizzieren Sie, wie Sie für Ihren Food Truck werben werden (z. B. soziale Medien, E-Mail-Marketing, Partnerschaften, Veranstaltungen).

Zuweisung von Haushaltsmitteln:
Legen Sie für jede Marketingstrategie ein Budget fest, das auf Ihren Zielen und Ressourcen basiert.
Berücksichtigen Sie sowohl Online- als auch Offline-Marketingkanäle und -taktiken. Später in diesem Buch werden wir den enormen Marketingvorteil von YouTube behandeln!

Durchführungsplan:
Erstellen Sie einen Zeitplan für die Umsetzung jeder Marketingstrategie.
Zuweisung von Aufgaben an Teammitglieder oder externe Partner.

Messung und Analyse:
Definieren Sie wichtige Leistungsindikatoren (KPIs), um den Erfolg Ihrer Marketingmaßnahmen zu verfolgen (z. B. Umsatzwachstum, Kundenakquisitionskosten, Engagement in sozialen Medien).

Messen und analysieren Sie die Ergebnisse regelmäßig, um datengestützte Entscheidungen zu treffen und Ihren Marketingplan bei Bedarf anzupassen.

Feedback und Verbesserung:
Sammeln Sie Feedback von Kunden, Mitarbeitern und Interessengruppen.
Nutzen Sie das Feedback, um Ihre Angebote und Marketingstrategien kontinuierlich zu verbessern.

Indem Sie diese Schritte befolgen, können Sie einen umfassenden Marketingplan entwickeln, der Ihnen dabei hilft, Ihr Foodtruck-Geschäft effektiv zu bewerben und Ihre Geschäftsziele zu erreichen.

TEIL 13

Finanzierung und Finanzierung für Ihr Food Truck Geschäft

Die Sicherstellung von Finanzierungs- und Fördermöglichkeiten für Ihr Foodtruck-Geschäft beinhaltet die Erkundung verschiedener Kapitalquellen zur Finanzierung Ihrer Gründungskosten, Ihres Betriebs und Ihres Wachstums. Hier sind einige gängige Finanzierungsoptionen und -strategien, die Sie in Betracht ziehen können:

Paypal Kredit Darlehen: Wenn Sie ein Paypal-Konto haben, kann fast jeder für mindestens $ 1.500 qualifizieren und erhalten keine Zinsen, wenn in voller Höhe in 6 Monaten auf Einkäufe von $ 99 oder mehr bezahlt, wenn Sie mit Paypal Kredit zu überprüfen. Ich persönlich habe dies für mehrere große Einkäufe genutzt. Es handelt sich um eine revolvierende Kreditlinie, die auf Ihrem regulären Paypal-Konto verbleibt und zusätzlich zu den regulären Kreditkartenangeboten genutzt werden kann. Der einzige Nachteil ist, dass der Händler Paypal akzeptieren muss.

Persönliche Ersparnisse: Die Verwendung Ihrer eigenen Ersparnisse oder Ihres persönlichen Vermögens ist eine der einfachsten Möglichkeiten zur Finanzierung Ihres Lebensmittelunternehmens. Dies kann Geld von Sparkonten, Rentenfonds oder der Verkauf von persönlichen Vermögenswerten sein.

Familie und Freunde: Sie können Familienmitglieder oder Freunde, die an Ihre Geschäftsidee glauben, um finanzielle Unterstützung bitten. Dies kann in Form von Darlehen oder Investitionen geschehen.

Mikrokredite: Mikrokredite sind kleine Darlehen, die in der Regel von gemeinnützigen Organisationen, Finanzinstituten für kommunale Entwicklung (CDFI) oder Online-Kreditgebern angeboten werden. Sie eignen sich für Unternehmen mit bescheidenem Finanzierungsbedarf.

Angel-Investoren: Angel-Investoren sind Einzelpersonen oder Gruppen, die Start-ups im Austausch gegen Eigenkapital oder Wandelschuldverschreibungen Kapital zur Verfügung stellen. Sie bringen oft wertvolles Fachwissen und Vernetzungsmöglichkeiten mit.

Risikokapitalgeber (VCs): Risikokapitalgeber investieren in wachstumsstarke Neugründungen mit dem Potenzial für hohe Renditen. Sie stellen in der Regel größere Kapitalbeträge zur Verfügung, verlangen aber auch eine erhebliche Kapitalbeteiligung an Ihrem Unternehmen.

Finanzierung von Ausrüstung: Wenn Sie die Ausrüstung für Ihren Food Truck kaufen oder leasen müssen, können Sie Möglichkeiten zur Finanzierung der Ausrüstung prüfen. Auf diese Weise können Sie die Kosten für die Ausrüstung über einen längeren Zeitraum verteilen und gleichzeitig Einnahmen damit erzielen.

Bankdarlehen: Herkömmliche Bankkredite sind eine gängige Finanzierungsquelle für kleine Unternehmen. Sie können einen Geschäftskredit auf der Grundlage Ihrer Kreditwürdigkeit, Ihres Geschäftsplans und Ihrer Sicherheiten beantragen.

Geschäftskredit: Der Geschäftskredit bezieht sich auf die Kreditwürdigkeit und den finanziellen Ruf eines Unternehmens in den Augen von Kreditgebern und Lieferanten. Er unterscheidet sich vom persönlichen Kredit und basiert auf dem Zahlungsverhalten des Unternehmens, der Kreditnutzung und anderen finanziellen Faktoren. Der Aufbau eines soliden Geschäftskredits ist entscheidend für den Erhalt von Darlehen, Kreditlinien und günstigen Konditionen von Lieferanten und hilft Unternehmen, finanziell zu wachsen und zu gedeihen.

Crowdfunding: Crowdfunding ist eine Fundraising-Methode, bei der kleine Beiträge von einer großen Zahl von Einzelpersonen oder Organisationen gesammelt werden, um ein Projekt oder Vorhaben zu finanzieren. Es findet in der Regel auf Online-Plattformen statt, die dem Crowdfunding gewidmet sind und auf denen die Initiatoren ihre Projekte vorstellen und zur finanziellen Unterstützung einladen. Crowdfunding ermöglicht den Urhebern den Zugang zu Kapital ohne traditionelle Quellen wie Banken oder Investoren, während die Unterstützer sich an Projekten beteiligen können, an die sie glauben, und oft Belohnungen oder Anreize im Gegenzug für ihre Beiträge erhalten.

Zuschüsse: Zuschüsse sind nicht rückzahlbare Mittel, die von Regierungen, Stiftungen oder Organisationen an Einzelpersonen, Unternehmen oder gemeinnützige Organisationen für bestimmte Zwecke wie Forschung, Bildung oder Gemeindeentwicklung vergeben werden. Im Gegensatz zu Darlehen müssen Zuschüsse nicht zurückgezahlt werden, was sie zu einer wertvollen Finanzierungsquelle für Projekte oder Initiativen mit sozialem, ökologischem oder wirtschaftlichem Nutzen macht. Die Empfänger von Zuschüssen müssen in der Regel bestimmte Kriterien erfüllen, z. B. die potenzielle Wirkung ihres Projekts nachweisen und die Zuschussrichtlinien und Berichterstattungsanforderungen einhalten.

Darlehen der Small Business Administration (SBA):
Darlehen der Small Business Administration (SBA) sind Finanzprodukte, die von der U.S. Small Business Administration zur Unterstützung von Kleinunternehmen in verschiedenen Branchen angeboten werden. Diese Darlehen sollen eine erschwingliche Finanzierung für die Gründung, den Ausbau oder die Übernahme von Kleinunternehmen ermöglichen und bieten niedrigere Zinssätze und längere Rückzahlungsfristen als herkömmliche Darlehen. SBA-Darlehen sind über teilnehmende Kreditgeber erhältlich und unterliegen spezifischen Förderkriterien und Antragsverfahren, die auf verschiedene Arten von Unternehmen und deren Finanzierungsbedarf zugeschnitten sind. Diese Unternehmensdarlehen können einen Höchstbetrag von 5 Millionen Dollar erreichen!

Bei der Wahl der richtigen Finanzierungsoption für Ihr Lebensmittelunternehmen sollten Sie Faktoren wie die Höhe des benötigten Kapitals, Ihre Kreditwürdigkeit, die Rückzahlungsbedingungen, die Zinssätze und die Auswirkungen auf Ihr Eigentum und die Kontrolle über das Unternehmen berücksichtigen. Außerdem ist es wichtig, einen soliden Geschäftsplan und Finanzprognosen zu erstellen, um potenziellen Kreditgebern oder Investoren die Rentabilität Ihres Unternehmens nachzuweisen.

Später in diesem Buch werden wir uns ausführlicher mit Geschäftskrediten, Crowdfunding, staatlichen Zuschüssen und von der Small Business Administration garantierten Darlehen befassen.

TEIL 14
Food Truck Business Kredit

Wie Sie einen Geschäftskredit für Ihr Foodtruck-Geschäft bekommen

Gründen Sie Ihr Unternehmen: Melden Sie Ihr Lebensmittelunternehmen als juristische Person an, z. B. als Aktiengesellschaft oder LLC (Limited Liability Company). Dadurch werden Ihre persönlichen und geschäftlichen Finanzen getrennt, was für den Aufbau eines Geschäftskredits entscheidend ist.

Besorgen Sie sich eine Arbeitgeber-Identifikationsnummer (EIN): Beantragen Sie beim Finanzamt eine EIN-Nummer, die wie eine Sozialversicherungsnummer für Ihr Unternehmen ist. Diese Nummer ist für die Eröffnung von Geschäftskonten und die Beantragung von Krediten erforderlich.

Eröffnen Sie ein Geschäftsbankkonto: Verwenden Sie Ihre EIN, um ein Geschäftskonto auf den Namen Ihres Lebensmittel-LKWs zu eröffnen. Halten Sie Ihre geschäftlichen Finanzen getrennt von den privaten Finanzen, um eine solide Kreditgeschichte aufzubauen.

Beantragen Sie eine D-U-N-S Nummer: Beantragen Sie eine D-U-N-S-Nummer bei Dun & Bradstreet, einer Kreditauskunftei, die auf Unternehmenskredite spezialisiert ist. Diese eindeutige Kennung wird häufig bei der Beantragung von Unternehmenskrediten benötigt.

Handelslinien einrichten: Arbeiten Sie mit Anbietern und Lieferanten zusammen, die Zahlungen an Wirtschaftsauskunfteien melden. Bezahlen Sie Rechnungen regelmäßig und pünktlich, um eine positive Kredithistorie aufzubauen.

Beantragen Sie eine Business-Kreditkarte: Suchen Sie nach Geschäftskreditkarten, die Belohnungen und Vorteile bieten, die für Ihr Lebensmittelunternehmen geeignet sind. Machen Sie regelmäßige, pünktliche Zahlungen, um Ihre Kreditwürdigkeit zu verbessern.

Überwachen Sie Ihre Kreditberichte: Überprüfen Sie regelmäßig die Kreditberichte Ihrer Unternehmen bei den großen Kreditbüros wie Dun & Bradstreet, Experian und Equifax. Kümmern Sie sich umgehend um etwaige Fehler oder Unstimmigkeiten.

Beziehungen zu Kreditgebern aufbauen: Bauen Sie mit zunehmender Kreditwürdigkeit Ihres Unternehmens Beziehungen zu Kreditgebern und Finanzinstituten auf. Dies kann zu größeren Kreditlinien und besseren Finanzierungsmöglichkeiten führen.

Nutzen Sie Kredite mit Bedacht: Gehen Sie strategisch mit Ihrer Kreditnutzung um und vermeiden Sie die Ausschöpfung von Kreditlinien. Behalten Sie eine gute Zahlungsmoral bei und gehen Sie verantwortungsvoll mit Ihren Schulden um.

TEIL 15

Umgang mit dem Wettbewerb und anderen Herausforderungen für Ihr Food Truck Business

Der Umgang mit der Konkurrenz, die Bewältigung saisonaler Veränderungen und der Umgang mit Wettereinflüssen sind wichtige Aspekte für ein erfolgreiches Foodtruck-Geschäft. Hier sind einige Strategien, die Sie berücksichtigen können:

Wettbewerbsanalyse:

Ermitteln Sie Ihre direkten und indirekten Wettbewerber in der Region. Direkte Konkurrenten sind andere Food Trucks oder Anbieter, die ähnliche Gerichte anbieten, während indirekte Konkurrenten Restaurants oder andere Gaststätten sind.

Analysieren Sie ihr Angebot, ihre Preisgestaltung, ihren Kundenstamm und ihre Marketingstrategien.
Heben Sie sich von der Masse ab, indem Sie einzigartige Menüs, besondere Aktionen, einen hervorragenden Kundenservice oder ein unvergessliches Markenerlebnis anbieten.

Kundenbindung und Loyalität:

Bauen Sie starke Beziehungen zu Ihren Kunden durch soziale Medien, E-Mail-Marketing, Treueprogramme und Kundenfeedback auf. Ausführlichere Schulungen zum Social Media Marketing werden in anderen Teilen dieses Buches behandelt.

Bieten Sie Anreize wie Preisnachlässe, Werbegeschenke oder Treuepunkte, um Wiederholungsgeschäfte zu fördern.

Sammeln Sie Kundendaten und nutzen Sie diese, um Ihre Angebote und Werbeaktionen zu personalisieren.

Saisonale Anpassung:

Passen Sie Ihre Speisekarte den saisonalen Trends und den örtlichen Vorlieben an. Bieten Sie beispielsweise im Sommer erfrischende Getränke und Salate und im Winter herzhafte Suppen und warme Getränke an.

Bewerben Sie saisonale Sonderangebote und zeitlich begrenzte Angebote, um Kunden zu bestimmten Zeiten des Jahres anzuziehen.

Planen Sie saisonale Schwankungen in der Kundenfrequenz ein und passen Sie Ihr Personal und Ihren Bestand entsprechend an.

Wetter-Notfallpläne:

Verfolgen Sie regelmäßig die Wettervorhersagen und halten Sie Notfallpläne für extreme Wetterbedingungen wie Stürme, Hitzewellen oder Starkregen bereit.

Investieren Sie in witterungsbeständige Geräte und Infrastruktur wie Markisen, Heizungen oder Kühlsysteme.

Ziehen Sie bei schlechtem Wetter alternative Standorte oder Veranstaltungen in Betracht, um die Geschäftskontinuität zu wahren.

Diversifizierung und Flexibilität:

Diversifizieren Sie Ihre Einnahmequellen, indem Sie Veranstaltungen ausrichten, Partnerschaften mit lokalen Unternehmen eingehen oder Lieferservices anbieten.

Bleiben Sie bei Ihrer Speisekarte und Ihren Abläufen flexibel, um sich an veränderte Kundenwünsche, Markttrends und externe Faktoren wie Wetter oder Wettbewerb anzupassen.

Kontinuierliche Verbesserung:

Bewerten Sie regelmäßig Ihre Leistung, holen Sie Feedback von Kunden und Mitarbeitern ein, und treffen Sie datengestützte Entscheidungen, um Ihr Angebot und Ihre Abläufe zu verbessern.

Halten Sie sich über Branchentrends, Innovationen und bewährte Verfahren auf dem Laufenden, um wettbewerbsfähig und auf dem Markt relevant zu bleiben.

Durch die Umsetzung dieser Strategien können Sie den Wettbewerb effektiv steuern, saisonale Schwankungen ausgleichen und Wettereinflüsse abmildern, um den Erfolg Ihres Imbisswagengeschäfts zu optimieren.

TEIL 16
Food Truck Business Ressourcen

Hier finden Sie einige Ressourcen und Materialien, die Sie bei der Gründung eines Food Trucks unterstützen:

Websites und Online-Leitfäden:

Website der National Food Truck Association (NFTA): Bietet Ressourcen, Richtlinien und Informationen für die Gründung und den Betrieb eines Food Truck-Geschäfts.

Food Truck Empire: Bietet Artikel, Leitfäden und Ressourcen für angehende Food-Truck-Unternehmer.

Leitfaden der Small Business Administration (SBA) zur Gründung eines Food Truck-Geschäfts: Bietet eine Schritt-für-Schritt-Anleitung für die Planung, Gründung und Verwaltung eines Food Truck-Geschäfts.

Kurse und Workshops:

Örtliche Wirtschaftsförderungszentren oder Handelskammern bieten möglicherweise Workshops oder Kurse speziell für Foodtruck-Unternehmer an.

Online-Plattformen wie Udemy, Coursera oder Skillshare bieten möglicherweise Kurse zur Gründung eines Lebensmittelunternehmens an.

Industrieveröffentlichungen und -zeitschriften:

Magazin "Mobile Küche": Berichtet über Neuigkeiten, Trends und Tipps für die mobile Lebensmittelindustrie.

"Food Truck Operator Magazine": Bietet Einblicke, Fallstudien und bewährte Verfahren für Food Truck-Betreiber.

Networking und Gemeinschaftsveranstaltungen:

    Besuchen Sie Foodtruck-Festivals, Branchenkonferenzen und Networking-Veranstaltungen, um sich mit anderen Foodtruck-Besitzern auszutauschen und von deren Erfahrungen zu lernen.
    Treten Sie Online-Foren und Social-Media-Gruppen für Foodtruck-Unternehmer bei, um Fragen zu stellen, Ideen auszutauschen und Unterstützung zu erhalten.

Denken Sie daran, sich über die örtlichen Vorschriften zu informieren, die erforderlichen Genehmigungen und Lizenzen einzuholen, einen soliden Geschäftsplan zu erstellen und ein Alleinstellungsmerkmal (USP) für Ihren Food Truck zu entwickeln, um sich auf dem Markt abzuheben.

Glossar der Begriffe für Food Truck Business Guide Book for Beginners

Geschäftslizenz - Offizielle Erlaubnis zum Betrieb eines Unternehmens in einem bestimmten Gebiet.

Großküche - Eine zugelassene Großküche für die Zubereitung und Lagerung von Lebensmitteln.

Prozentsatz der Lebensmittelkosten - Ein Maß für die Lebensmittelkosten im Verhältnis zu den Menüpreisen.

Gesundheitserlaubnis - Eine Bescheinigung, die die Einhaltung der Vorschriften zur Lebensmittelsicherheit gewährleistet.

Point-of-Sale (POS)-System - Technologie, die zur Verarbeitung von Kundenzahlungen verwendet wird.

Nutzfahrzeugversicherung **- Versicherung für Lebensmittel-Lkw gegen Unfälle** und Haftpflicht.

Branding - Schaffen Sie eine einzigartige Identität für Ihr Foodtruck-Unternehmen.

Menüplanung - Strategische Planung von Menüpunkten zur Maximierung der Rentabilität.

Mobile Food Unit (MFU) - Ein motorisiertes oder gezogenes Fahrzeug zur Zubereitung und Ausgabe von Speisen.

Event-Catering - Bereitstellung von Lebensmitteln für besondere Veranstaltungen mit einem Food Truck.

Anlaufkosten - Anfängliche Kosten für die Gründung eines Lebensmittelunternehmens.

Food Truck Festival - Eine öffentliche Veranstaltung mit mehreren Food Trucks.

Gemeinkosten - Fixe und variable Kosten, ohne Lebensmittel und Arbeit.

Betriebszeiten - Bestimmte Zeiten, zu denen Ihr Food Truck Kunden bedient.

Verkaufsgenehmigung - Erlaubnis zum Verkauf von Lebensmitteln in öffentlichen Bereichen.

Truck Wrap - Ein individuelles Design, das zu Werbezwecken auf einem Food Truck angebracht wird.

Crowdfunding - Beschaffung von Startkapital über Online-Spenden.

Großhandelslieferanten - Anbieter, die Mengenrabatte auf Ausrüstung und Zubehör anbieten.

Servicefenster - Der Bereich, in dem die Kunden Speisen bestellen und erhalten.

Vorbereitungsstation - Ein ausgewiesener Bereich für die Zubereitung von Lebensmitteln.

Fettabscheider - Geräte, die Fette und Öle aus Lebensmittelabfällen auffangen.

Generator - Ein tragbares Gerät, das den Food Truck mit Strom versorgt.

Bestandsmanagement - Verfolgung der Lagerbestände zur Vermeidung von Engpässen.

Flotte - Eine Gruppe von Food Trucks, die von einem Eigentümer betrieben wird.

Gewinnspanne - Der Prozentsatz der nach Abzug der Kosten verbleibenden Einnahmen.

Genehmigungsgebühren - Kosten für den Erwerb der erforderlichen Geschäftsgenehmigungen.

Mobile POS - Ein tragbares System für die Aufnahme von Bestellungen und die Verarbeitung von Zahlungen.

Täglicher Verkaufsbericht - Eine Zusammenfassung der Verkäufe und Einnahmen des Tages.

Routenplanung - Strategische Planung von Standorten und Zeiten für den Food Truck Service.

Arbeitsablauf in der Küche - Die Organisation von Aufgaben für eine effiziente Lebensmittelzubereitung.

Social Media Marketing - Nutzung von Plattformen wie Instagram, um Kunden zu gewinnen.

Hygienestandards - gesetzlich vorgeschriebene Hygienepraktiken für den Umgang mit Lebensmitteln.

Truck Lease - Miete eines Food Trucks statt Kauf eines solchen.

Demografische Daten der Kunden - Merkmale Ihres Zielpublikums.

Food Truck Park - Ein ausgewiesener Bereich, in dem mehrere Food Trucks betrieben werden.

Mitarbeiterschulung - Schulung des Personals in den Bereichen Lebensmittelsicherheit und Kundenservice.

Spezialitätenmenü - Eine einzigartige Auswahl an Lebensmitteln, die Ihre Marke definieren.

Saisonale Nachfrage - Schwankungen des Kundeninteresses in Abhängigkeit von der Jahreszeit.

Cashflow - Der Nettobetrag an Bargeld, der in das Unternehmen hinein- und aus ihm herausfließt.

Markenbotschafter - Loyale Kunden, die durch Mundpropaganda für Ihr Unternehmen werben.

Marktforschung - Sammeln von Daten über Wettbewerber und Kundenpräferenzen.

Food Truck Association - Eine Gruppe, die Ressourcen und Interessenvertretung für Betreiber anbietet.

Soft Opening - Ein Probelauf vor dem offiziellen Start des Food Trucks.

Genehmigungsverfahren - Schritte zur Erlangung einer gesetzlichen Genehmigung für den Betrieb.

Lieferantenbeziehungen - Partnerschaften mit Lieferanten für einen konsistenten Bestand.

Digital Menu Board - Elektronische Displays für die Präsentation von Lebensmitteln.

Lokale Verordnungen - Gesetze der Stadt oder des Landkreises, die den Betrieb von Food Trucks betreffen.

Umweltfreundliche Verpackung - Biologisch abbaubare oder recycelbare Lebensmittelbehälter.

Einnahmequellen - Einnahmequellen wie Catering oder regelmäßige Straßendienste.

Kundenbindungsprogramm - Anreize für wiederholte Besuche.

World Food Trucks

World Food Trucks in Kissimmee, Florida, ist ein lebendiger Food Truck Park, der ein vielfältiges Angebot an globalen Gerichten mit einem Schwerpunkt auf lateinamerikanischen Aromen bietet. Der Park befindet sich am 5811 W. Irlo Bronson Memorial Highway, direkt gegenüber von Old Town und Fun Spot, und bietet über 50 Food Trucks, wobei eine Erweiterung auf mehr als 100 geplant ist. Der Park ist täglich von mittags bis spät in die Nacht geöffnet und serviert Gerichte aus Puerto Rico, Mexiko, Venezuela und anderen Ländern, oft mit einer einzigartigen Note.

Zu den beliebten Gerichten gehören Mofongo, Empanadas, Tacos und Fusionsgerichte wie geräucherter Reis mit Pulled Pork. Der Park bietet auch eine karnevalsähnliche Atmosphäre mit Desserts wie Mini-Donuts, Trichterkuchen und Eiscreme. World Food Trucks veranstaltet häufig Events wie Karaoke-Abende und ist damit ein attraktives Ziel für Familien und Feinschmecker gleichermaßen.

Weitere Informationen finden Sie auf der offiziellen Website oder auf ihrem YouTube-Kanal, wo Sie Profile von Food Trucks finden.

https://www.worldfoodtrucks.com/

Food Trucks Heaven

Food Trucks Heaven in Kissimmee, Florida, ist ein lebendiger Ort für Essensliebhaber und Familien. Hinter dem Main Gate Flea Market am 5403 W Irlo Bronson Memorial Highway gibt es eine Vielzahl von Gourmet-Food-Trucks, die verschiedene Gerichte anbieten, von handwerklich hergestellten Tacos und kubanischen Sandwiches bis hin zu Gourmet-Desserts wie Churros und Eiscreme. Die Atmosphäre ist lebhaft und wird oft durch Live-Musik und familienfreundliche Unterhaltung bereichert. Die Besucher können ihre Mahlzeiten auf Sitzplätzen im Freien genießen, während sie die lustige, gemeinschaftsorientierte Atmosphäre auf sich wirken lassen.

Es ist täglich geöffnet, in der Regel von 12:00 bis 22:30 Uhr, mit verlängerten Öffnungszeiten an den Wochenenden. Das Lokal ist für seine eklektische Geschmacksmischung und den hervorragenden Service bekannt.

Weitere Informationen erhalten Sie auf der offiziellen Website oder telefonisch unter (407) 305-3624

https://foodtrucksheaven.com/

Schlussfolgerung

Der Einstieg in die Foodtruck-Branche ist ein aufregendes und lohnendes Unterfangen, das kulinarische Kreativität mit Unternehmergeist verbindet. In diesem Buch gehen wir auf alle wichtigen Schritte ein, die notwendig sind, um ein erfolgreiches Foodtruck-Unternehmen aufzubauen, zu verwalten und zu vergrößern. Von der Kenntnis Ihres Zielmarktes und der Zusammenstellung des perfekten Menüs bis hin zur Handhabung von Lizenzen, Gesundheitsvorschriften und Wettbewerb - dieser Leitfaden wurde entwickelt, um Ihnen praktisches Wissen und umsetzbare Erkenntnisse zu vermitteln.

Die Foodtruck-Branche bietet endlose Möglichkeiten für Innovation und persönliche Entfaltung. Allerdings erfordert der Erfolg mehr als nur die Leidenschaft für das Kochen; er erfordert strategische Planung, Anpassungsfähigkeit und die Bereitschaft zu lernen. Nutzen Sie die Ressourcen, Tipps und Strategien, die in diesen Kapiteln beschrieben werden, um Herausforderungen zu meistern und sich in einem wettbewerbsintensiven Markt zu behaupten.

Denken Sie daran, dass Ihr Foodtruck mehr ist als nur ein Geschäft - er repräsentiert Ihre Marke, Ihre Vision und Ihre Liebe für gutes Essen. Mit Engagement und dem richtigen Ansatz kann Ihr Foodtruck nicht nur eine Einnahmequelle sein, sondern auch ein mobiles Zentrum für Gemeinschaft, Verbindung und kulinarischen Genuss.

Der vor Ihnen liegende Weg mag seine Herausforderungen haben, aber die Belohnungen sind es wert. Machen Sie den ersten Schritt, bleiben Sie Ihren Zielen treu und lassen Sie Ihre Food Truck Reise beginnen. Die Möglichkeiten sind endlos, und der Erfolg ist gleich um die Ecke!

Wenn Ihnen dieses Buch gefallen hat, nehmen Sie sich bitte die Zeit, Ihre Gedanken mitzuteilen und eine Rezension auf Amazon zu veröffentlichen. Wir würden das sehr begrüßen!

Vielen Dank,

Brian Mahoney

Das könnte Sie auch interessieren:

Wie man Geld für die Gründung eines Kleinunternehmens erhält:
Wie man viel Geld durch Crowdfunding, staatliche Zuschüsse und staatliche Darlehen erhält

Von Ramsey Colwell

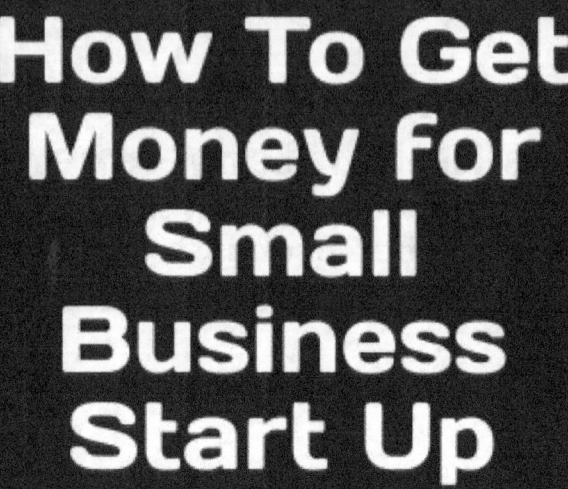

Von Ramsey Colwell

www.ingramcontent.com/pod-product-compliance
Lightning Source LLC
LaVergne TN
LVHW012035060526
838201LV00061B/4616